SOUVENIR

DES JOURNÉES

DU 2 ET DU 7 FÉVRIER 1875

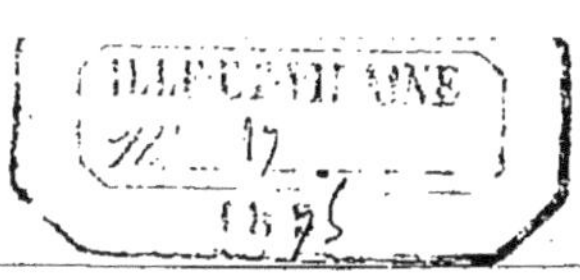

Imprimerie Oberthur & Fils

A RENNES

SOUVENIR

DES JOURNÉES

DU 2 ET DU 7 FÉVRIER 1875

SOUVENIR

DES

Journées du 2 et du 7 février 1875

Le 2 février, en l'absence de M. et de Mme Oberthür, la nouvelle parvint à Rennes que M. Oberthür père venait d'être nommé chevalier de la Légion-d'Honneur.

Aussitôt que la dépêche télégraphique de M. le Ministre du commerce et de l'agriculture fut connue du Personnel de l'Imprimerie, chacun, donnant les marques de la joie la plus vive, s'empressa d'orner l'atelier de verdure, de fleurs et de drapeaux, lui donnant ainsi un air de fête.

Quand M. Oberthür, qu'on était allé prévenir, — et à qui l'aîné de ses petits-fils avait le premier fait part de la nouvelle, — fut de retour dans les ateliers, avec Mme Oberthür, les ouvriers entourèrent leurs patrons, en leur prodiguant les marques de la plus vive et de la plus cordiale affection.

Un bouquet fut offert à M. et à Mme Oberthür, qui traversèrent ensemble l'Imprimerie. Mais l'émotion fut à son comble quand M. Tizon, le doyen des ouvriers de la Maison, remit à M. Oberthür, au nom de tout le Personnel, une magnifique croix d'honneur renfermée dans un superbe écrin.

M. Oberthür, visiblement touché de tous les témoignages d'affection qu'il recevait de toutes parts, remercia du fond du cœur ses ouvriers, à qui il attribua une bonne part dans la distinction dont il venait d'être l'objet.

Au moment où M. Oberthür se retirait, il reçut l'adresse et la pièce de vers suivantes, qui consacraient le souvenir de cette belle journée :

PROGRÈS   PERSÉVÉRANCE

HOMMAGE

AUX ARTS ET A L'INDUSTRIE

Le Personnel de l'Établissement, heureux et fier en ce jour, de la juste récompense accordée au mérite et au savoir, en la personne de Monsieur Oberthür père, a l'honneur de le prier, ainsi que sa Famille, d'agréer ses félicitations les plus sincères et l'assurance de son plus entier dévoûment.

Le jour où, désigné par l'opinion publique,
Le maître paternel d'un peuple d'ouvriers
Reçut le juste prix de sa vertu civique,
Chacun pour le fêter se para de lauriers.

Aider à la grandeur de la mère-patrie
Par le travail, les arts et la grande industrie,
Former, en hommes forts, les jeunes, notre espoir,
Non moins que le soldat, c'est faire son devoir.

Pour les grands vétérans qu'a meurtris la victoire,
Pour les grands citoyens du peuple travailleur,
La France sait trouver récompense et bonheur.

En les voyant, ceux-là, saluons leur grand cœur ;
Et si la Croix d'honneur est leur titre de gloire,
Ils sont, par leurs vertus, pour la Croix un honneur.

Rennes, 2 février 1875.

Pleine de reconnaissance pour les bénédictions que le Ciel avait toujours si libéralement répandues sur les affaires de la Maison, la famille Oberthür, à l'occasion de la distinction que venait de recevoir son chef, résolut de convoquer tout le Personnel de l'Établissement, pour le dimanche 7 février, à la chapelle de Notre-Dame-de-Toutes-Grâces, où chaque dimanche un certain nombre d'ouvriers, les apprentis et les élèves-apprentis de l'Imprimerie se reposent dans d'agréables distractions des travaux de la semaine.

Puis, il fut décidé qu'un banquet fraternel suivrait la cérémonie religieuse et que cette réunion de famille, toute de cordiale amitié, serait célébrée dans l'atelier même où s'exécutent les travaux de chaque jour.

En conséquence, tout se prépara pour la fête. Une longue table de 60 mètres fut dressée dans l'allée centrale de l'Imprimerie, entre la salle de typographie et celle de lithographie. Des tables supplémentaires y furent jointes dans les diverses places dont il fut possible de disposer pour cela. Enfin, une estrade fut élevée entre l'atelier de composition et celui des machines typographiques.

Les galeries furent ornées de trophées et de spécimens artistiques, en tête desquels on avait placé la cathédrale de Strasbourg, gravure sur cuivre, œuvre remarquable de feu F.-J. Oberthür.

Une invitation fut adressée à tous les membres de l'Imprimerie, aux parents, aux proches amis de la famille et aux principales Autorités de la ville qui voulurent bien, par leur gracieux empressement à venir honorer de leur présence la fête du Travail, témoigner aux ouvriers et aux chefs de l'Établissement de toute leur affectueuse sympathie.

Le Personnel tout entier est heureux de leur dire combien il a été sensible à ces marques d'estime, dont il conservera toujours le plus reconnaissant souvenir.

Voici le texte de l'invitation à qui fut fait un si honorable accueil :

Rennes, 4 février 1875.

M

« Dimanche prochain, à 9 heures, une Messe sera célébrée dans la Chapelle de l'Œuvre de la Jeunesse (Notre-Dame-de-Toutes-Grâces, faubourg d'Antrain, 41), pour remercier Dieu des bénédictions qu'il a répandues jusqu'ici sur l'Imprimerie Oberthür et Le prier de les continuer à l'avenir.

» Messieurs et Mesdames Oberthür ont l'honneur de vous inviter à assister à cette Messe; ils vous prient de bien vouloir prendre part au repas de famille qui aura lieu ensuite, à midi, dans l'Imprimerie même.

» Les Familles des Invités sont aussi priées de venir vers 2 heures à l'Imprimerie, où les Galeries leur seront ouvertes et d'où elles pourront visiter l'Établissement. »

Le dimanche matin, une foule nombreuse, que le mauvais temps n'avait point empêché de faire une course un peu longue, remplissait la chapelle de Notre-Dame-de-Toutes-Grâces, qui avait été ornée avec un goût parfait.

M. l'abbé Bourdon, directeur de l'Œuvre de la Jeunesse, avant de célébrer la Messe, prononça en face de cette réunion d'amis un éloquent discours qui remua profondément tous les cœurs.

Aux accents de cette parole émue et si profondément sympathique, bien des yeux se mouillèrent, et ce sera pour le petit Charles Oberthür un bien précieux souvenir de savoir que dans cette assemblée solennelle, où toute une grande famille industrielle était réunie devant Dieu,

M. l'abbé Bourdon rappela que c'était lui, — lui qu'on appelait alors le petit Carlo, — qui le premier fit spontanément à son grand-père le compliment, qui, dans cette enceinte même, lui fut publiquement répété.

La Messe, à laquelle assistaient M. le Préfet, M. le Maire et les Autorités administratives de la ville de Rennes, fut entremêlée de chants et de chœurs exécutés par les associés de l'Œuvre de la Jeunesse, avec un succès qui fut fort remarqué, et suivie d'un Salut solennel que Mgr l'Archevêque avait eu la bonté d'accorder comme précieux témoignage d'affection et de sympathie.

Le Salut fut donné par M. l'abbé Ory, de la Société des Eudistes, qui partage, avec M. l'abbé Gahier, de la même compagnie, les fatigues si honorables, mais si douces à leur cœur, d'assister M. l'abbé Bourdon dans la direction de l'Œuvre de la Jeunesse.

Après la cérémonie religieuse, chacun se sépara en se disant : « A bientôt. »

Vers midi, les convives commençaient à entrer dans l'Imprimerie, magnifiquement ornée.

Peu de temps après, la foule, déjà considérable, ouvrait sympathiquement passage à M. le Préfet, qu'accompagnaient : M. de Kerbertin, procureur général ; M. P. Martin, maire de Rennes ; M. Pontallié, secrétaire général de la préfecture ; M. l'abbé Bourdon, directeur de Notre-Dame-de-Toutes-Grâces ; M. Lecerf, curé de Notre-Dame ; M. de Gombert, chef du mouvement aux chemins de fer de l'Ouest ; M. Oger, chef de gare principal ; M. Pérardel, directeur des postes du département ; MM. Goubert et Vaissière, directeurs des postes en retraite ; M. Fayolle, ancien receveur principal des postes à Rennes ; M. de la Rivière, inspecteur divisionnaire des lignes télégraphiques de la 10e région ; M. du Sel des Monts, directeur de la succursale de la Banque de France.

Ces Messieurs prenaient place sur l'estrade d'honneur,

en compagnie des membres de la famille, d'amis, de chefs d'ateliers et des plus anciens ouvriers de l'Imprimerie.

M. le Préfet accepta la présidence du banquet, que ne cessa d'animer la plus franche et la plus cordiale gaieté.

M. Cren avait bien voulu se charger de servir ce repas de près de 450 couverts ; il se tira fort honorablement, à la satisfaction générale, de cette difficile mission.

Peu à peu les galeries se remplirent d'une foule sympathique, qui prenait plaisir à reconnaître parmi les convives des parents et des amis.

Au dessert, M. le Préfet prit la parole.

Dans une improvisation chaleureuse, plusieurs fois applaudie, mais dont malheureusement on ne pourra lire le texte exact ; l'orateur n'ayant point écrit d'avance son discours, M. Delpon de Vissec se fait l'interprète des sentiments des convives et de la population tout entière de la cité, « *qui*, dit-il, *se sent honorée dans l'honneur qui* » *vient d'être fait à l'un de ses plus dignes citoyens.* »

Puis, après avoir remercié au nom de tous M. le Président de la République de *cet acte de haute justice*, et M. le Ministre du commerce qui l'a provoqué, M. le Préfet s'adresse plus particulièrement aux ouvriers, et développe avec beaucoup d'à-propos cette thèse : *qu'il doit se créer entre l'ouvrier et le patron une sorte de solidarité d'intérêts, d'existence et de dévouement réciproques ;* — cette solidarité existe dans la maison Oberthür, parce que, depuis longtemps, l'ouvrier a vu dans son patron un ami et non un ennemi, et toutes les défiances se sont dissipées. C'est là un spectacle rare, mais bien fait pour réjouir les cœurs des assistants, qui saluent aujourd'hui dans ce vaste atelier, non pas seulement la prospérité matérielle que donne la richesse méritée, mais surtout les salutaires influences morales du travail, de l'esprit du devoir, de l'honnêteté modeste et simple, du dévouement aux classes laborieuses, qui constituent cet ensemble de vertus privées et publiques, que le Chef de l'État a voulu honorer dans la personne de M. Oberthür.

Trop souvent, dit M. Delpon, — dans un magnifique langage qui captivait l'auditoire tout entier, — trop souvent l'homme qui a eu le bonheur d'amasser ici-bas ce qui constitue la richesse renonce à la lutte et se retire du champ de bataille du travail. Alors les traditions d'une usine se perdent et l'harmonie sociale se trouve quelquefois troublée.

Ici, rien de pareil. M. Oberthür, dévoué à la famille industrielle dont il se considère comme le père, a élevé des fils qui continueront son œuvre, et lui-même, toujours pénétré de l'idée du devoir à remplir et du bien qu'il peut faire, sans prendre souci de la lourdeur d'un travail considérable et des embarras qui en résultent, ne faillit pas à la tâche qu'il a assumée. Il ne cesse pas de diriger l'Imprimerie, et son Personnel peut compter sur lui.

Rappelant enfin l'origine modeste du nouveau chevalier de la Légion-d'Honneur, l'orateur le propose comme exemple aux ouvriers et leur montre que dans notre France démocratique, le plus petit peut arriver au sommet par le travail, l'intelligence, l'esprit d'ordre et la probité.

De nombreuses acclamations accueillent ces paroles si éloquentes et si vraies.

A ce moment, M. Tizon, en sa qualité de doyen du Personnel de l'Imprimerie, se lève et va serrer la main de M. Oberthür, en lui adressant quelques paroles partant du cœur et qui causent à M. Oberthür une visible émotion.

Ensuite M. le Préfet, en sa qualité de parrain du nouveau chevalier, lui attache sur la poitrine la croix même que ses ouvriers lui avaient offerte et lui donne l'accolade. Alors une véritable ovation est faite à M. Oberthür par ses ouvriers et les nombreuses personnes qui assistaient à cette grande fête de famille.

M. Oberthür, visiblement ému, prend alors la parole :

« Je remercie, dit-il, Monsieur le Préfet de la bienveillante sollicitude qu'il veut bien témoigner à notre grande famille industrielle, en venant présider notre banquet fraternel.

» Je suis vivement touché des paroles si flatteuses qu'il vient de m'adresser et de l'honneur qu'il veut bien me faire d'être mon parrain à mon entrée dans l'ordre de la Légion-d'Honneur.

» Je bois à la santé de M. le maréchal de Mac-Mahon, duc de Magenta, en le remerciant de tout mon cœur pour la distinction dont il vient de m'honorer.

» Je prie Dieu qu'il conserve longtemps à la France l'illustre Président de la République, qui est pour la patrie une gloire si pure.

» Au nom de toute ma famille et de tout le personnel de l'imprimerie, je réitère au Chef de l'État l'expression de notre reconnaissance pour la visite dont il nous a honorés naguère et dont nous conserverons toujours le plus sympathique souvenir.

» Je bois à la santé de notre honorable concitoyen, M. Grivart, ministre de l'agriculture et du commerce, toujours si dévoué aux intérêts de notre ville.

» Les affaires de l'État, auxquelles il se consacre avec un patriotisme si éclairé, le retiennent à Paris en ce moment, ce qui l'empêche, à notre grand regret, d'être aujourd'hui parmi nous.

» Je bois à la santé de M. Piérard, directeur des chemins de fer de l'Ouest, en le remerciant aussi de sa récente visite à notre établissement, qui doit à la grande Compagnie qu'il dirige une large part de son travail et de son activité.

» Je porte le même toast à MM. les Chefs des grandes administrations publiques, à M. le Maire de Rennes, à MM. les Membres du clergé, de la magistrature, de l'instruction publique, du commerce et de l'industrie, à nos parents, à nos amis qui ont bien voulu honorer de leur présence cette fête du travail.

» Et je bois à la santé de vous tous, mes amis et chers coopérateurs de chaque jour. Je suis heureux de vous remercier de l'attachement si cordial dont vous nous avez donné de si touchants témoignages, dans nos joies comme dans nos douleurs de famille.

» Vous voudrez bien vous joindre à moi pour que nous adressions tous ensemble l'expression de notre gratitude au digne abbé Bourdon, directeur de l'Œuvre de la Jeunesse ; aux Frères de l'Instruction chrétienne, et à M. Bonnichon, typographe, qui dirigent avec tant de dévoûment nos écoles professionnelles.

» Permettez-moi enfin de remercier devant vous ma chère compagne, qui m'a toujours si vaillamment secondé dans mes travaux et qui peut bien partager avec moi l'honneur que j'ai reçu.

» Je remercie aussi mes fils Charles et René du concours qu'ils me donnent, et je n'ai pas besoin de leur recommander de consacrer leur vie tout entière à la noble tâche de diriger vos travaux.

» Plaise au Ciel que mes petits-enfants, travaillant à leur tour avec les vôtres, s'appliquent à continuer et à perfectionner les œuvres que nous avons fondées ensemble !

» Je suis bien heureux de voir, à côté de cette jeune génération qui s'élève autour de nous, les vétérans qui travaillaient déjà dans l'atelier de nos anciens et chers patrons, MM. Landais et Marteville, quand, il y a 35 ans, simple artiste lithographe, je vins m'établir dans cette ville de Rennes.

» Elle est devenue pour moi une seconde patrie, à laquelle je suis aussi fermement attaché qu'à Strasbourg, ma ville natale.

» Permettez-moi, Messieurs, d'évoquer à cette occasion le souvenir, cher à tous ceux qui l'ont connu, de mon vénéré père, qui eut la gloire de collaborer avec Senefelder à l'invention de la Lithographie.

» J'ai assisté moi-même, dans ma jeunesse, aux débuts de cette grande industrie, dans notre chère Alsace, qui n'est plus, hélas ! française que de cœur, mais pour laquelle nous conservons toujours nos patriotiques espérances.

» Je désire offrir aujourd'hui à tous mes employés, ouvriers et ouvrières, aux apprentis et aux élèves-apprentis de la Maison, un souvenir tout cordial, dont notre excellent ami M. Charles

Esnaud, administrateur de la Caisse d'épargne, voudra bien vous faire part.

» Comptez, chers collaborateurs, sur notre inaltérable affection, comme nous comptons nous-mêmes sur la vôtre.

» Soutenons-nous les uns les autres ; travaillons ensemble au développement de notre industrie. C'est travailler à la prospérité de notre chère patrie.

» Unis dans une même pensée, nous exprimerons les vœux que nous formons dans notre cœur, en criant tous :

> » Vive le maréchal de Mac-Mahon !
>
> » Vive la France ! »

L'auditoire tout entier, en proie à une vive émotion, acclame avec enthousiasme le maréchal de Mac-Mahon et la France. Tous les regards se tournent vers cette cathédrale de Strasbourg placée en face de l'estrade d'honneur et plus d'un vieux soldat laisse couler ses larmes. Dieu leur prête vie à ces anciens ! Ils ont pu voir aux sentiments des jeunes que la patrie pouvait compter sur eux.

Quand le silence se fut un peu rétabli, M. le Maire prit aussi lui la parole, et s'adressant surtout aux ouvriers, il s'exprima en ces termes :

« CHERS CONCITOYENS,

» Après les éloges si bien mérités que M. le Préfet vient d'adresser à votre honorable patron, je viens à mon tour, comme Maire de Rennes, vous exprimer toute la satisfaction que j'ai éprouvée, en apprenant la récompense honorifique qui lui a été décernée par le Président de la République.

» A cette occasion, j'ai voulu vous adresser à tous, employés de ce magnifique Établissement, mes félicitations personnelles pour la distinction dont vient d'être honoré M. Oberthür, et à laquelle vous avez contribué par vos travaux intelligents et le zèle soutenu que vous apportez dans l'accomplissement du devoir.

» Grâce à l'esprit d'ordre qui vous anime, grâce aussi à l'amour du travail qui vous élève au rang d'habiles ouvriers, de véritables artistes, vous avez contribué à la prospérité de cette belle industrie, que votre honorable patron a fondée et qu'il dirige avec autant d'initiative que d'honorabilité.

» Vous êtes tous ses compagnons dévoués, et je suis heureux que l'occasion me soit offerte aujourd'hui de vous adresser mes félicitations et de vous engager à persévérer dans la voie que vous suivez et qui vous a été tracée par vos aînés.

» Rappelez-vous toujours que c'est par le travail et une ferme persévérance qu'un ouvrier devient habile dans son industrie et, par suite, un citoyen vraiment utile à son pays.

» C'est non seulement comme Maire de votre ville, mais surtout comme ancien commerçant moi-même, que je me crois doublement autorisé à vous donner ces conseils.

» Je remercie Messieurs et Mesdames Oberthür de m'avoir convié à cette belle fête de famille, dont je conserverai un précieux souvenir.

» Je propose, en terminant, de porter un toast aux ouvriers et employés de l'imprimerie Oberthür, à la prospérité et à l'avenir de ce bel établissement. »

Ensuite M. de Gombert prend à son tour la parole :

« Messieurs,

» Je remercie Monsieur Oberthür des paroles qu'il vient de consacrer à l'éminent Directeur de notre Compagnie.

» Dans la haute situation qu'il occupe, M. Piérard est pour vous, comme pour nous, Monsieur, le plus grand et le plus noble exemple d'un travail sans relâche, et l'image vivante d'un dévouement sans borne, aux immenses affaires d'intérêt public et général dont il a la direction. Il ne pourra rester indifférent à la juste récompense qui vous honore et il y applaudira avec tous ceux qui vous entourent en ce moment.

» D'ailleurs, permettez-moi de vous le dire, si dans votre

grande famille industrielle la joie a été unanime à la nouvelle de votre promotion, elle n'a pas été moindre parmi nous tous, travailleurs d'un autre genre, dont vos services journaliers secondent si bien les labeurs.

» Il n'est pas, en effet, pour ainsi dire une de nos opérations qui ne soit reportée sur un document préparé par vos presses; la marche de nos convois, tous nos mouvements techniques, commerciaux et comptables trouvent place sur ces pièces innombrables; la multiplicité et la promptitude de nos opérations reposent sur ces millions d'imprimés, sortis de ces puissantes machines, qu'animent le souffle de Dieu, votre génie et le travail de ceux qui vous secondent.

» Et vous avez ici, Messieurs, l'exemple le plus saisissant de ce qu'il y a de grand et de fécond dans l'appui mutuel que se prêtent de nos jours les grandes industries, et qui fait de l'Imprimerie un des puissants auxiliaires de la plus magnifique et de la plus gigantesque invention des temps modernes.

» Honneur donc à ces mutuels travaux, et à tous ces hommes dont la vie entière ici, comme chez nous, vous apporte la preuve d'un savoir incontestable, d'un travail soutenu, d'un dévouement de tous les instants.

» Messieurs,

» Plus heureux que les Chemins de fer, Messieurs Oberthür, par la nature de leurs travaux, peuvent associer à leur œuvre, dans une très-large part, les femmes et les enfants.

» Le travail ainsi accompli par des mains plus douces et plus délicates, est en tout supérieur à celui des hommes. Les femmes ont, en effet, une adresse merveilleuse et comme une sorte de génie qui leur est propre.

» Rendons-y hommage, Messieurs !

» Mais rendons principalement hommage à cet immense et sublime génie de la charité, dont tant de femmes, en France, nous offrent le généreux exemple. Vous entendiez, il y a quelques instants, saluer avec respect trois noms qui en sont une admirable personnification et vous le retrouvez tout particulièrement ici sous l'image des deux dignes compagnes de Messieurs Oberthür.

» Elles sont au milieu de ces ateliers comme des anges tutélaires, unissant une douce fermeté à une bonté inaltérable ; une tendre et maternelle vigilance les anime, et leur rôle y est vraiment sublime.

» Aussi toute cette assemblée voudra s'unir à moi, avec acclamation, pour boire à :

» Madame Oberthür mère,

» Madame Charles Oberthür,

» A toutes les Femmes

» Et à tous les Enfants

de ce grand et magnifique Établissement ! »

M. de Gombert est salué par d'unanimes applaudissements qui lui prouvent combien le Personnel est sensible aux marques de sympathie que lui donne le premier Représentant dans notre ville de la Compagnie des Chemins de fer de l'Ouest.

Puis M. Baraise, prote de la Typographie, parlant au nom du Personnel, prononça les paroles suivantes :

« MESDAMES ET MESSIEURS,

» A l'occasion de ce banquet fraternel, de cette grande fête de famille offerte par Messieurs et Mesdames Oberthür, rehaussée par la présence du Magistrat éminent qui a daigné en accepter la présidence et des Notabilités qui y assistent, permettez-moi, en votre nom et au mien, de rendre un public hommage à notre chef vénéré, à l'homme de bien dont la bonté toute paternelle, les vertueux exemples, l'aménité de caractère, le large et modeste esprit sont si justement appréciés de tous ceux qui l'entourent et le connaissent ; permettez-moi, dis-je, en face de cette croix si noblement méritée, si dignement obtenue, de porter un toast en son honneur et en celui de sa famille.

» Je vous proposerai aussi, Mesdames et Messieurs, de voter, par acclamation, des remerciements au Chef de l'État, pour la haute distinction dont il a honoré M. Oberthür, et dont nous sommes si heureux et si fiers.

» Je bois, Messieurs, à la santé du nouveau chevalier et de sa famille ! Je bois à l'avenir et à la prospérité de l'établissement ! Puisse, Dieu aidant comme toujours, sa marche être florissante ! Puissent ses fils, dignes continuateurs des œuvres de leur père, suivant la même voie, arriver à la même gloire ! Et que ceux qui partageront leurs travaux et leurs fatigues, applaudissent un jour, avec bonheur, à leurs légitimes succès ! !...

» A la santé de la famille Oberthür ! »

Messieurs et Mesdames Oberthür remercièrent chaleureusement M. Baraise des sentiments qu'il exprimait avec une éloquence si cordiale.

Les convives quittaient peu à peu leurs places et se rapprochaient de l'estrade. La foule, dans les galeries, écoutait attentive, quand M. Esnaud, qui avait bien voulu se charger, à la prière de M. Oberthür, de parler comme administrateur de la Caisse d'épargne, quitta sa place, et s'approchant vers le centre de l'atelier, lut d'une voix parfaitement distincte et profondément sympathique les lignes suivantes :

« Messieurs,

» M. Oberthür vient de vous annoncer qu'il voulait laisser à chacun de vous un souvenir de l'honneur que le Chef de l'État vient de lui faire.

» Ce souvenir est inspiré par la même pensée généreuse qui le faisait tout récemment, lors de la distribution des prix aux enfants, aux apprentis de cet Établissement, vous annoncer la fondation à ses frais de retraites pour ceux qui y auraient passé leur vie ou même un nombre d'années assez limité.

» Ce souvenir est un livret de Caisse d'épargne dont la valeur sera proportionnée à vos années de service dans la maison.

» Le temps n'a pas permis de les tenir prêts aujourd'hui, car ils sont au nombre de 367; mais ils seront remis à votre disposition, moitié sous huitaine et l'autre moitié sous quinzaine. Ils seront de trois catégories : de vingt-cinq francs pour les hommes, femmes et enfants entrés à l'établissement depuis 1872 jusqu'à ce jour ; de cinquante francs pour ceux entrés de 1867 à 1871 inclus, et enfin, de cent francs pour tous ceux qui sont entrés à l'imprimerie avant 1867.

» Ces livrets de Caisse d'épargne, dont vous serez les maîtres absolus[*], soit que vous veuillez les réaliser, soit que vous veuillez les conserver et les augmenter, doivent être, suivant la pensée de la famille Oberthür, non seulement un souvenir, mais j'oserai (moi administrateur de cette Caisse d'épargne) vous dire que c'est par dessus tout un bon conseil, un bon exemple.

» Vous dire que la sagesse et l'économie sont les principales sources de la richesse, serait un lieu commun ; mais ce qui ne l'est pas, c'est qu'un nombre considérable de fortunes et des meilleures, a commencé par les livrets de Caisse d'épargne. Nous voyons chaque jour des hommes riches venir prendre des livrets pour leurs jeunes enfants, disant qu'ils ont commencé ainsi. Je pourrais vous citer des noms et même trouver parmi nous des exemples vivants de ce fait.

» Conservez donc ces livrets et augmentez-les dès que vous le pourrez. La Caisse reçoit du même accueil la modeste économie d'un franc, comme la plus élevée que la loi a fixée.

» Si quelques-uns d'entre vous ont jusqu'à ce moment regardé comme impossible de commencer à établir des réserves, ils le trouveront facile lorsqu'ils se verront maîtres d'un pécule qui augmentera chaque jour par les intérêts et par leurs apports de chaque semaine ou de chaque mois.

» Aussi, Messieurs, je dirai : merci mille fois à la généreuse famille Oberthür, pour ce bon souvenir de fête, pour ce bon conseil qu'elle laisse à chacun de ses employés sans exception.

» Je propose de boire à votre santé (que Dieu la conserve comme à tous ses bons serviteurs), à votre courage, à votre

---

[*] Les mineurs seuls ne pourront réaliser que sur autorisation des donateurs.

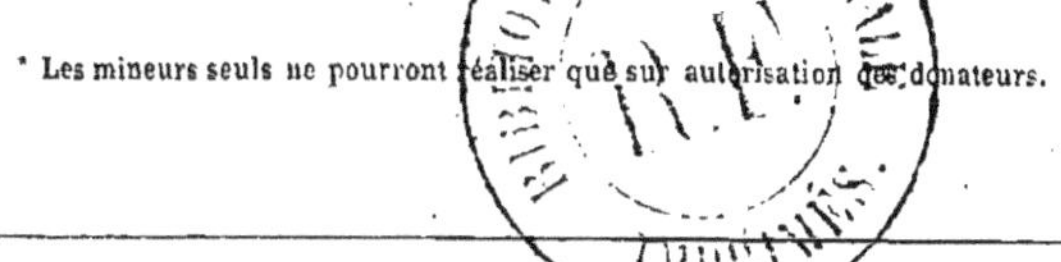

persévérance dans le bien et je dirai ensuite à votre aisance future, à votre bonheur à tous. »

Les applaudissements éclatèrent de toutes parts. Le silence se rétablit lentement pour entendre une pièce rimée que M. Dumont, conducteur typographe, vint présenter à M. Oberthür avec un accent profondément cordial et sympathique.

A Monsieur Oberthur.

Pourquoi ce jour de fête aujourd'hui au faubourg?
Pourquoi ces lauriers, ces drapeaux? La belle couleur!
C'est qu'aujourd'hui, Messieurs, un enfant de Strasbourg
Vient de recevoir l'étoile de l'honneur.

De Strasbourg, pourquoi faire revivre la douleur?
Strasbourg , que nous ravit l'implacable vainqueur;
Strasbourg, séparée de la mère-patrie,
De la France, espère encor, sœur, et prie!

Strasbourg l'a vu naître; Rennes l'a vu grandir.
D'enfant du peuple, Il en est le père en cette ville,
Et à nous, compagnons, le droit d'applaudir
L'heureux Associé de MM. Landais et Marteville.

Salut, hommage au soldat travailleur!
Salut à vous, enfants de l'ouvrier!
Car si notre patron porte l'insigne de l'honneur,
Il l'a bien mérité. Messieurs, buvons à sa santé!

En même temps, les lithographes offraient à leur patron une magnifique chromo représentant une croix d'honneur, œuvre de M. Alexis Portier, et dont une réduction a été exécutée, pour être jointe à tous ces souvenirs de fête,

A Mr. OBERTHUR

par M. Baptiste Portier, frère de l'artiste, et dont chacun connaît et apprécie l'infatigable dévouement à la jeunesse de l'imprimerie.

Enfin, un compositeur paraissant sur l'estrade, lut d'une voix émue ces vers d'une inspiration si haute, et qui ont pour titre :

A M. OBERTHUR

HONNEUR & CROIX

Honneur et Croix ! deux mots qu'autrefois sur la terre
    Nul ne put réunir,
Et qui le sont depuis qu'un Dieu, sur le Calvaire,
    La porta pour mourir.

Du dévoûment la Croix fut dès lors le symbole,
    La marque de l'honneur ;
Elle projette au front une noble auréole
    En brillant sur le cœur.

Servir à la souffrance avant d'être une gloire
    Fut son premier destin... ;
Mais pour venir en vous honorer la victoire,
    Suit-elle autre chemin ?

Vous sûtes l'accepter et modeste et pesante
    Au sein de durs travaux,
Avant de la porter et légère et brillante
    A l'heure du repos !

Le héros par le plomb fait briller sa vaillance ;
    Est-il moins beau pour vous
D'avoir mis la même arme à vaincre l'ignorance
    En des combats plus doux ?

De vos constants efforts le triomphe était juste :
    N'est-ce pas le Progrès
Que la France, aujourd'hui, par une voix auguste,
    Couronne en vos succès?

Mais c'est aussi l'Amour : Vous fûtes moins un maître
    Qu'un père et qu'un ami!
A de touchants bienfaits nous dûmes le connaître...
    Qui ne le sait ici?

Vous cherchâtes les cœurs, — et cela vous honore, —
    Sans songer à la Croix.
Et s'il fallait opter aujourd'hui même encore,
    Nous savons votre choix!

Mais non! Gardez les deux. La Croix, elle est si belle
    Près de la Charité,
Lorsque se mêle aux feux dont sa gloire étincelle
    Un Rayon de bonté!

A.-R.-F. Borel,
Compositeur Typographe.

Rennes, 7 février 1875.

Les plus chaleureuses acclamations accueillent cette poésie, œuvre vraiment remarquable et dont tout le monde demande une copie afin de pouvoir relire encore ces vers animés d'un souffle si pur, si élevé.

L'auteur, M. Borel, est entouré et applaudi, chacun veut lui serrer la main. Il a peine à se dérober à l'ovation bien légitime pourtant et que lui fait l'atelier tout entier.

Chacun était heureux, tous les visages respiraient une gaieté partant du cœur, fruit précieux de l'harmonie qui avait régné si parfaite et si franche; mais les heures s'étaient écoulées et la réunion devait finir.

Au moment où la foule la plus nombreuse se pressait autour de M. Oberthür et de sa famille, échangeant avec les patrons, les autorités, les parents et les amis de la Maison les plus cordiales poignées de main, M. Coignerai, répondant à un vœu unanime, donna lecture d'une dépêche télégraphique, et, s'adressant aux ouvriers assemblés, proposa d'en faire l'envoi immédiat.

Des acclamations enthousiastes lui répondirent et ce fut sur cet acte de reconnaissance et de patriotisme que la réunion se sépara.

DÉPÊCHE TÉLÉGRAPHIQUE.

Au Maréchal de Mac-Mahon et au Ministre du Commerce,

Versailles.

Le Personnel de l'Imprimerie Oberthür, réuni en ce moment pour fêter la récompense que vous avez bien voulu accorder à son cher Patron, décide, par acclamation, de vous témoigner sa profonde reconnaissance et son entier dévouement.

Les Ouvriers de la Maison Oberthür.

LISTE DU PERSONNEL

PAR ORDRE D'ENTRÉE

MM.

Legrand, *retraité.*
Guilmin (J.-M.), *retraité.*
Jarnot, *retraité.*
1829 Tizon (Alexandre).
1839 Lamarre (Jean-Marie).
1841 Conan (Jacques).
1842 Levert (René).
1843 Joly (Joseph).
1844 Baraise, *prote.*
1845 Lanos, *chef d'atelier.*
— Klein, *chef d'atelier.*
— Angevin (Julien).
1846 Portier, *chef d'atelier.*
1848 Portier (Alexis).
1854 Banctel, *chef d'atelier.*
— Lebreton (Victor).
1855 Gorieux (Louis).
— Bielle, *chef d'atelier.*
— Bouvet (François).
1858 Crespel (Henri).
— Grandhomme (Alex.).
— Paillard (François).
1859 Lemoine (Pierre).
— Nicolais (Adolphe).
— Henry (François).
— Vincent (Julien).
1860 Dupuis (Auguste).
1861 Broc (André).
— Rousseau (Julien).
1862 Guédon (Frédéric).
— Marchand (Jean-Baptiste).

MM.

1862 Delahaye (Eugène).
— Garry, *chef d'atelier.*
— Roulleau (Jean).
1863 Roussel (Louis-Marie).
— Lemarchand (Mathurin).
— Machefeld (Louis).
— Valentin (Pierre).
— Baudu (Anatole).
— Bellier (François).
— Petitbon (Jean).
— Lamarre (Constant).
— Lainé (Louis).
— Vauluisant (Charles).
— Ienoch, *chef d'atelier.*
1864 Régnier (Baptiste).
— Chausseblanche (A.).
— Thiry (André).
— Lefas (Georges).
1865 Decor (Jules).
— Lebreton (Pierre).
— Chevallier (Joseph).
— Guérin (Émile).
— Thomas (Hippolyte).
— Pais (Julien).
1866 Millet (Eugène).
— Deshayes (François).
— Thouin (Jules).
— Daugan (Jean).
— Laisné (Jean-Baptiste).
1867 Tellier (Amédée)
— Trillard (Jean-Baptiste).

MM.

1867 Lebreton (Auguste).
— Petitbon (Joseph).
— Gilbert (Auguste).
— Gilbert (Jules).
— Desniau (Jules).
— Beaufils (Joseph).
— Bricault (Baptiste).
— Garel (Olivier).
— Jalu (Joseph).
— Desilles (Jean-Marie).
— Roussel (René).
1868 Bielle (Jules).
— Raison (Louis).
— Poisson (Alfred).
— Bricault (Louis).
— Thomas (Jean-Marie).
1869 Martin (Joseph).
— Lebon (Edmond).
— Cheny (Alexandre).
— Drouyer (Baptiste).
— Robinet (Joseph).
— Delbourg (Jean).
— Bricault (René).
1870 Leray (Auguste).
— Pontonnier (Jean).
— Monnier (Joseph).
— Chilou (Henri).
— Reminiac (Désiré).
— Lancien (Jules).
— Vincent (Albert).
— Faucheux (Simon).
— Gautier (François).
1871 Coignerai, *chef de compt.*
— Grandin (Charles).
— Rihet (Charles).
— Portier (Eugène).
— Duclos (Jules).
— Godet (Félix).
— Morin (Jean-Marie).
— David (Jean-Marie).
— Klevezou (Jean).

MM.

1871 Dumont (François).
— Herpe (Pierre).
— Jobin (Jean).
— Jarnot (Pierre).
— Chaplain (Stanislas).
1872 Renaudin (Jean).
— Beaumont (Louis).
— Guillet (Henri).
— Chanal (Hippolyte).
— Boutet (Joseph).
— Boutin (Emile).
— Gicquel (Jules).
— Branger (Auguste).
— Haidot (Henri).
— Guibourg (Gustave).
— Burel (Pierre).
— Pigeault (Victor).
— Duhamel (Léonard).
— Fauvel (Paul).
— Morlier (Charles).
— Rivière (Émeric).
— Sevaille (Pierre).
— Vaugarni (Gustave).
— Théméus (Charles).
— Derniau (Alcide).
— Nogues (Louis).
— Heulot (Jules).
— Favrel (Gustave).
— Toubel (Adolphe).
— Ritois (Armand).
— Renaudin (Joseph).
— Laurent (Ferdinand).
— Crocq (René).
— Maugendre (Jean-Marie).
— Bougault (Eugène).
— Laperche (Auguste).
— Delalande (François).
— Iger (Olivier).
1873 Le Maux (Ange).
— Jollivel (Charles).
— Ronflet (Constant).

MM.

1873 Dallongeville (Alphonse).
— Jollivel (Francis).
— Lebot (Georges).
— Cheny (Adrien).
— Luce (Pierre).
— Etossé (Adolphe).
— Bertel (François).
— Jamois (Pierre-Marie).
— Eon (Auguste).
— Robillard (Louis).
— Garnier (Eugène).
— Levert (Victor).
— Jean (Jules).
— Larcher (Pierre).
— Morin (Jean).
— Clément (Francis).
— Jus (Emile).
— Létang (Urbain).
— Beaugeard (Joseph).
— Vaugarni (Constant).
— Doré (Jules).
— Doré (Eugène).
— Pérussel (Jean-Marie).
— Guillotin (Auguste).
— Ferron (Auguste).
— Neveu (Francis).
— Jolive (Joseph).
— Renaudin (Jean-Louis).
— Freyard (Antoine).
— Finot (Joseph).
— Lasnet (Auguste).
— Leyaudet (Joseph).
— Tillon (Joseph).
— Mancel (Louis).
— Grégoire (Pierre).
1874 Ménier (Gilles).
— Monnier (François).
— Dondel (Louis).
— Robert (Joseph).
— Bertel (François).
— Toubel (René).

MM.

1874 Allain (Léon).
— Vincent (Charles).
— Chalumeau (René).
— Bonnichon (Jean).
— Ecalle (Onésime).
— Godefroy (Pierre).
— Walterspiler (Emile).
— Borel (André).
— Guibert (Louis).
— Daubenmeyer (Jacques).
— Piquet (Louis).
— Cheny (Jean-Marie).
— Guérin (Jules).
— Limeul (Louis).
— Vallée (Eugène).
— Louis (Pierre).
— Lardoux (Edouard).
— Pierredon (Émile).
— Simon (Ferdinand).
— Simon (Francis).
— Buan (Pierre-Marie).
— Angevin (Francis).
— Besnier (Joseph).
— Bot (Eugène).
— Bohuon (François).
— Oger (Jules).
— Goupil (Jean-Marie).
— Adam (Louis).
— Loyon (Francis).
— Jugon (Francis).
— Launay (Eugène).
— Ollivier (Henri).
— Bouget (Louis-Marie).
— Marchand (Eugène).
— Guy (Hippolyte).
— Paty (Joseph).
— Leroy (Léon).
— Jamot (Emile).
— Bourgeon (Jean-Marie).
— Renault (Pierre).
— Lainé (Eugène).

MM.

1874 Beaulieu (Jean-Marie).
 — Dubois (Pierre).
 — Guillon (Pierre).
 — Aubin (Alexandre).
 — Gobert (Julien).
 — Méry (Louis).
 — Delaunay (Jean-Marie).

MM.

1874 Remondin (Louis)
 — Rauch (Léon)
1875 Simon (Henri).
 — Chant (Henri).
 — Le Bigot (Esther).
 — Terseul (Gustave).
 — Lefeuvre (Joseph).

———

Mmes

1859 Daugan (Marg^{te}), *ch. d'at.*
 — Turpin (Joséphine).
1860 Colleu (Anna), *ch. d'at.*
 — Dubois (Laurence).
 — Robinet (Anne).
1861 Alix (Victorine).
 — Bricault (Joséphine).
 — Alix (Aimée).
 — Raison (Françoise).
 — Chassé (Félicité).
 — Labbé (Perrotte).
 — Petitbon (Joséphine).
 — Duval (Françoise).
 — Petitbon (Eugénie).
1861 Bricault (Marie).
1862 Guillet (Anna), *ch. d'atel.*
 — Bricault (Gilonne).
 — Bricault (Marie).
1863 Rouillard (Nathalie).
 — Garnier (Augustine).
 — Grignon (Marie).
 — Grignon (Julie).
 — Derniaux (Marie).
1864 Tillon (Jeanne-Marie).
 — Voisin (Adélaïde).
 — Toubel (Anna).
 — Chassé (Jeanne).
 — Gicquel (Julie).
 — Thomas (Jeanne).
1865 Guillet (Perrine).

Mmes

1865 Guine (Marie).
1866 Berthelot (Jeanne).
 — Burel (Julienne).
 — Roussel (Françoise).
 — Thébault (Marie).
 — Hue (Marie).
1867 Conan (Jeanne).
 — Laisné (Anne).
 — Turpin (Aimée).
 — Conan (Marie).
 — Roussel (Augustine).
 — Perrier (Anna).
 — Robinet (Marie).
 — Poirier (Anna).
1868 Bétin (Marie).
 — Bétin (Joséphine).
 — Thomas (Marie).
 — Gautier (Marie).
 — Bouvet (Maria).
1869 Desrieux (Pauline).
 — Dugué (Julie).
 — Barrault (Céline).
 — Ritois (Julie).
 — Barrault (Joséphine).
 — Robert (Rose).
 — Bobon (Marie).
 — Mancelle (Amélie).
 — Despoix (Marie).
 — Jarnot (Marguerite).
1870 Rivière (Amandine).

Mmes

1870 Rivière (Héloïse).
1871 Lamy (Marie).
— Lamy (Valentine).
— Robert (Perrotte).
— Chassé (Marie).
— Auffray (Victorine).
— Morel (Rose).
— Vétier (Marie).
— Chevallier (Joséphine).
— Coureuil (Rosalie).
— Blut (Rosalie).
— Quilly (Marie).
— Panaget (Marie).
— Gautier (Marie).
— Postel (Marianne).
1872 Laisné (Marie).
— Bernier (Pauline).
— Gruaux (Virginie).
— Désilles (Louise).
— Huriaux (Françoise).
— Hamon (Marie).
— Bouvier (Marie).
— Beaudais (Marie).
— Aubrée (Céline).
— Herrouet (Françoise).
— Thébault (Marie).
1873 Poirier (Rosalie).
— Leray (Anne).
— Desrieux (Élise).
— Desrieux (Albertine).
— Tirel (Rosalie).
— Soriot (Émilie).
— Bougault (Marie).
— Pinta (Adèle).
— Duval (Yvonne).
— Doré (Augustine).
— Lagogué (Marie).

Mmes

1873 Thébault (Marie).
— Vignot (Marie).
1874 Grandin (Marie).
— Paré (Jeanne).
— Pierredon (Marie).
— Guillois (Adrienne).
— Thoinel (Joséphine).
— Chauvin (Marie).
— Desbois (Marie).
— Cayla (Marie).
— Desrosiers (Anne).
— Ménard (Léontine).
— Burel (Marie).
— Gaupel (Marie).
— Agaësse (Rose).
— Remeur (Éléonore).
— Ollivier (Marie).
— Bréal (Désirée).
— Riot (Louise).
— Désilles (Marie).
— Thaudière (Zélie).
— Billault (Elise).
— Désilles (Marie).
— Martin (Joséphine).
— Simon (Marie).
— Chauvin (Philomène).
— Limeul (Maria).
— Gérard (Elisa).
— Gilbert (Marie).
— Pinta (Céline).
— Banctel (Françoise).
— Plotin (Lucie).
1875 Poupain (Clara).
— Rouault (Victoire).
— Desbois (Céline).
— Illion (Dorothée).
— Alain (Marie).

Maison a Paris

35, RUE DES BLANCS-MANTEAUX, 35

Gérée par M. P. MAREAU

M. ÉMILE VON OVEN, INTÉRESSÉ

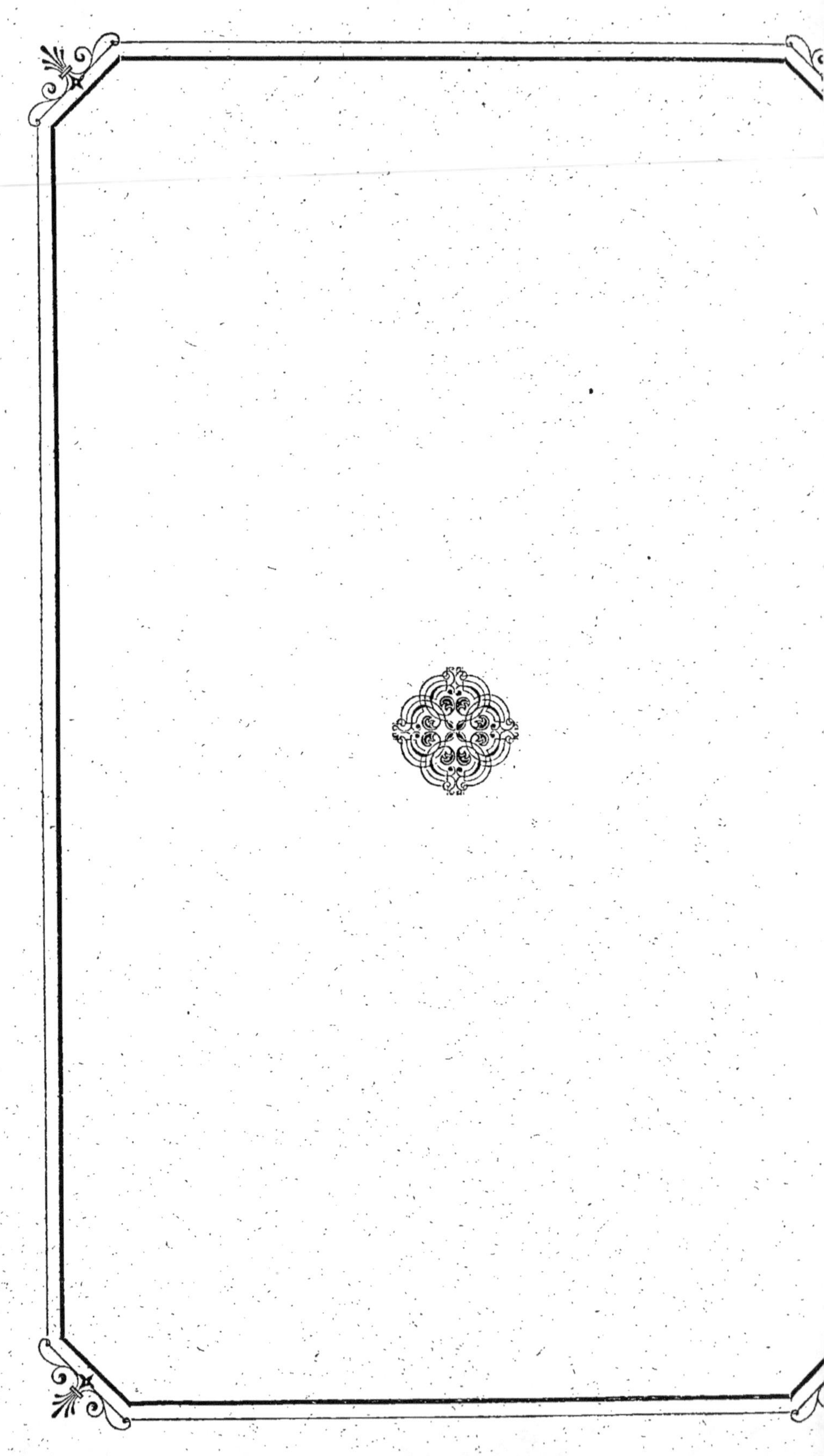

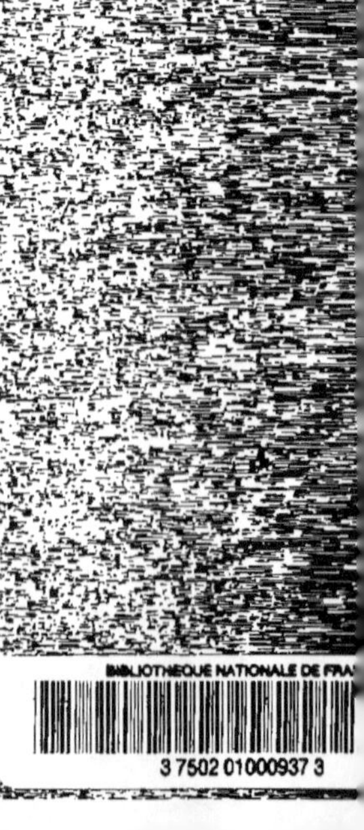